BEI GRIN MACHT SICH IHR WISSEN BEZAHLT

Konzept zur Sport- und Bewegungstherapie

Simon Kübler

Bibliografische Information der Deutschen Nationalbibliothek:

Die Deutsche Nationalbibliothek verzeichnet diese Publikation in der Deutschen Nationalbibliografie; detaillierte bibliografische Daten sind im Internet über http://dnb.d-nb.de abrufbar.

ISBN: 9783346546029
Dieses Buch ist auch als E-Book erhältlich.

© GRIN Publishing GmbH
Nymphenburger Straße 86
80636 München

Druck und Bindung: Books on Demand GmbH, Norderstedt Germany
Gedruckt auf säurefreiem Papier aus verantwortungsvollen Quellen

Das Buch bei GRIN: https://www.grin.com/document/1153020

Deutsche Hochschule für

Prävention und Gesundheitsmanagement

Hermann Neuberger Sportschule 3

66123 Saarbrücken

Einsendeaufgabe

Fachmodul:	Sport- und Bewegungstherapie ORT 2
Studiengang:	WS 2018
Datum Präsenzphase:	05.-08.06.2019
Name, Vorname:	Kübler Simon
Studienort:	**Hamburg**
Semester:	**2 Fachsemester**

Inhaltsverzeichnis

1 Analyse der Ausgangssituation

1.1 Konzeptanbieter

Das sekundärpräventive multimodale Bewegungsprogramm, bezogen auf unspezifische Rückenschmerzen, richtet sich mit dem folgenden Slogan an die Zielgruppe: „machst du heute aktiv was für deinen Rücken, brauchst du Morgen keine Krücken".

Der Titel fordert den Leser zum einen auf, seinen Rücken zu aktivieren und zum anderen soll eine sportliche Aktivität, die die Muskulatur des Rückens stärkt, anvisiert werden. Nach dem Paragrafen 25 und 26 SGB V soll „im Rahmen der Sekundärprävention Krankheiten möglichst früh erkannt und das Fortschreiten durch gezielte Behandlungen verhindert werden" (AOK, 2016, S.9). Dem Leser soll mit „brauchst du Morgen keine Krücken" die Dringlichkeit nun etwas zu tun vermittelt werden.

In der folgenden Tabelle wird der Konzeptanbieter des Kurses mit den räumlichen, apparativen und personellen Ressourcen näher beschrieben.

Tab. 1: Ressourcen des Konzeptanbieters (eigene Darstellung, 2019)

Einrichtung	• Gesundheitsstudio • Voraussetzungen §20 SGB V sowie §64 SGB IX (Primäre Prävention, Gesundheitsförderung Rehabilitationssport und Funktionstraining)
Räumliche Ressourcen	• Kursraum 100m², mindestens 4m² pro Person, Maximalteilnehmer 15 Personen • Umkleidekabinen jeweils 40m² • Empfangsbereich 20m²
Apparative Ressourcen	• Matten, Therabänder, Mini-Hanteln, Kurzhantelständer, Pezzibälle, Airexkissen, FlexiBar, Blackroll, Bosubälle, Schlingentrainer, Redondo Bälle, Langhanteln, Gewichtsscheiben, Koordinationsleiter
Personelle Ressourcen	• 3 Trainer (Qualifikationsstufe 6)

1.2 Zielgruppe des Konzeptes

Nachfolgende Tabelle beschreibt die Zielgruppe für das geplante Kursprogramm. Anschließend werden Grundlegende epidemiologische Daten und mögliche Barrieren sowie Strategien behandelt.

Tab. 2: Darstellung der Zielgruppe (eigene Darstellung, 2019)

Soziodemografische Merkmale	Die Zielgruppe umfasst erwerbsfähige erwachsene Frauen und Männer im Alter von 18 bis 65 Jahren.
Sozialstatus	Alle Versicherten die das 18. Lebensjahr vollendet haben, haben Anspruch auf alters-, geschlechter- und zielgruppengerechte qualitätsgesicherte Bewegungsangebote nach § 20 Absatz 5. Es findet keine hierarchische Differenzierung in der anvisierten Zielgruppe statt.
Gesundheitszustand und Einschlusskriterien	Zur Teilnahme sind Personen mit einer ärztlicher Bescheinigung einer Präventionsempfehlung mit folgenden Gesundheitsrisiken nach der ICD-10-GM: M54 berechtigt: • Pannikulitis (örtlich begrenzte, entzündliche Erkrankung des Fettgewebes unter der Haut) in der Nacken- und Rückenregion • Mangelnde körperliche Arbeit • Schwere körperliche Arbeit • Erhöhtes subjektives Stressempfinden • Monotone einseitige Belastung • Und Muskuläre Verspannungen
Ausschlusskriterium	Ausgeschlossen von einer Teilnahme sind Personen mit folgenden Kriterien: • Spezifischer Rückenschmerz • akute und chronische Rückenschmerzen • Schmerzmitteleinnahme oder ähnliche Substanzen, die das Bewusstsein sowie die Körperwahrnehmung verändern und trüben.
Teilnehmerziele/Motive/Erwartungen	• Schmerzlinderung, • Bessere Beweglichkeit im Alltag/Beruf, • Spaß • Stressreduktion
Zeitlicher Verfügungsrahmen	• 1x/Woche, 10 Wochen, 60 Minuten

Grundlegende epidemiologische Daten

„Deutschland hat Rücken" (Merkel, 2014; Spiegel Online, 2014). Aus ca. 31 Millionen Versicherten unterschiedlicher gesetzlicher Krankenkassen sowie Daten des Statistischen Bundesamts hat die Bundesanstalt für Arbeitsschutz und Arbeitsmedizin (BAuA) sämtliche Daten zusammengeführt und die volkswirtschaftlichen Kosten, welche aufgrund von Dienstunfähigkeit entstehen, berechnet (BAuA 2017, S. 2).

Für das Jahr 2015 ergeben sich mit einer durchschnittlichen Arbeitsunfähigkeit von 15 Tagen pro Arbeitnehmer 587 Millionen Arbeitsunfähigkeitstage. Akzentuiert man dieses Arbeitsausfallvolumen, so kalkuliert die BAuA die reinen volkswirtschaftlichen Produktionsausfallkosten, also die Lohnkosten auf 75,2 Milliarden Euro bzw. den Ausfall an der Bruttowertschöpfung, also der Verlust an Arbeitsproduktivität, auf 133,1 Milliarden Euro (BAuA, 2016, S.2).

Bereits 2005 eruierten Schmidt und Kohlmann, dass Rückenschmerzen in Deutschland zu den häufigsten und kostenträchtigsten Beschwerden gehören.

Epidemiologische Studien geben für die Punktprävalenz Werte von 30 bis 40 Prozent an. Das heißt mehr als jeder dritte Erwachsene bestätigt die Frage: „Haben Sie heute Rückenschmerzen?" (Raspe & Kohlmann, 1998; RKI, 2012, S. 13).

Definiert werden Rückenschmerzen (engl.: low back pain) „(...) als Schmerzen in der Region unterhalb des Rippenbogens und oberhalb der Gesäßfalte. Die fünf Lendenwirbel und ihre gelenkigen Verbindungen, das Kreuzbein, das Steißbein und die Bandscheiben sind umgeben von zahlreichen Bändern, Sehnen und Muskeln. Die rückwärtigen Fortsätze der Lendenwirbelkörper bilden einen Kanal; er schließt den unteren Anteil des Rückenmarks ein. Jede dieser Strukturen kann die Quelle von Schmerzen sein" (RKI, 2012, S. 7).

Aus ätiologischer Sicht werden spezifische und unspezifische Formen von Rückenschmerzen unterschieden. Spezifische Rückenschmerzen sind solche, bei denen somatische Ursachen als Auslöser der Beschwerden diagnostiziert werden können. Dagegen liegen unspezifische Rückenbeschwerden dann vor, wenn sich für die Beschwerden kein somatischer Auslöser findet und sich kein zentraler Pathomechanismus (Oder auch Pathogenese, beschreibt die Entstehung und Entwicklung einer Krankheit) erkennen lässt (RKI 2012, S. 7).

Laut RKI (2012, S. 7) sind Rückenschmerzen oftmals „(...) nicht spezifisch" und lassen sich mit aktuellen diagnostischen Verfahren weder sicher ausräumen noch empirisch nachweisen.

Im vorherigen Abschnitt wurde das Thema Absentismus mit den dazugehörigen Ausfallkosten behandelt. Ein weiterer nicht außer Acht zu lassender Kostenträger ist der Präsentismus. „Das Verhalten, sich bei einer Erkrankung nicht krank zu melden, sondern arbeiten zu gehen, wird als Präsentismus bezeichnet" (Schmidt & Schröder, 2010, S. 93).

Auf Basis einer Meta-Analyse internationaler Studien sowie in Verbindung mit bundesdeutschen Beschäftigungs- und Prävalenzdaten ermittelten Fissler und Krause (2010, S.

418) ein Verhältnis von Absentismus zu Präsentismus von 35 zu 65 Prozent. Daraus wird deutlich, dass die Beeinträchtigung der Arbeitsproduktivität insbesondere in Form von Präsentismus und weniger durch Absentismus hervorgerufen wird.

Barrieren und Strategien

Mögliche Barrieren sind, dass bei einkommensschwachen Gruppen verhaltensbedingte Risikofaktoren wie Bewegungsarmut, Rauchen und Übergewicht stärker ausgeprägt sind als im Vergleich zu Gruppen mit höheren Einkommen (Mielck, 2000). Hierfür wäre ein Tag der offenen Tür mit Vorträgen zu den Risikofaktoren und deren Folgen für den Konzeptanbieter eine Möglichkeit zur Überwindung dieser Barriere. Um ebenfalls die einkommensschwachen Personen anzusprechen, wäre es sinnvoll mit dem Slogan „sie trainieren, ihre Krankenkasse zahlt" vor dem Tag der offenen Tür zu werben.

Eine weitere mögliche Barriere wäre aus Sicht der Zielgruppe, dass befürchtet wird, dass die jeweiligen Trainer die notwendige Kompetenz nicht besitzen. Eine Lösung bietet die Aufklärung der Voraussetzung des Kurses nach Paragraf 20 an. Demzufolge muss der Trainer eine Qualifikationsstufe von mindestens sechs haben also beispielsweise ein Abschluss mit sportlichen Hintergrund. Des Weiteren wäre es sinnvoll die Vorträge ebenfalls von den Kurstrainern halten zu lassen. Hintergrund ist, dass die Zielgruppe direkt einen Ansprechpartner für den Kurs haben und sich integriert fühlen. Darüber hinaus können solche Vorträge mögliche Bedenken gewisser Kompetenzbarrieren ausräumen.

2 Zielsetzung und Ableitung von übergeordneten Konzeptinhalten

Im folgenden Kapitel werden zu Beginn die übergeordneten Konzeptinhalte behandelt und anschließend die Zielsetzung des Konzepts analysiert.

2.1 Ableitung von übergeordneten Konzeptinhalten

Das Ableiten aus den Zielsetzungen des geplanten Konzeptes, mit den übergeordneten zielgruppenadäquaten Konzeptinhalten und den jeweiligen empirischen Belegen dazu, wird mit folgenden Zielsetzungen behandelt.

- **Zielbereich I:** Einstellung und Verhalten – Hauptfokus liegt in der Vermittlung von Wissen, Hintergründe, Ursachen und den Umgang mit Rückenschmerzen. Anhand der Aufklärung soll der erste Schritt hinzu Verhaltens- und Handlungsänderung gegenüber sportlicher Aktivität erreicht werden.

- **Zielbereich II:** Lag das Ziel im ersten Teil in der Aufklärung, so soll mit der Hinführung zur körperlicher gesundheitssportlicher Aktivität und der Hinführung sowie Bindung an Eigenständigkeit in Bezug zu körperlicher Aktivität der zweite Zielbereich in der Umsetzung liegen. Desweiteren soll hier bereits eine Verbesserung der gesundheitsbezogenen Fitness angegangen werden.

- **Zielbereich III:** Die Verbesserung der gesundheitsbezogenen Fitness liegt zu Beginn mit der körperlichen Aktivität im Mittelpunkt. Anschließend wird das Thema Stressmanagement im theoretischen als auch im praktischen Teil, mit einer Vermeidung der Dekonditionierung im Alltag, behandelt. Hier sollen biopsychosoziale Risikofaktoren verringert werden.

Begründung:

Der erste Zielbereich beinhaltet die Aufklärungsarbeit mit abgeleiteten Verhaltens- und Handlungsänderungsmaßnahmen des Teilnehmers. Durch den interdisziplinären Austausch, soll die Bereitschaft des Patienten und die Notwendigkeit etwas zu tun, erhöht werden (Bertelsmann Stiftung, 2007, S. 6).

Im zweiten Zielbereich liegt das Hauptaugenmerk in der körperlichen Aktivität, insbesondere im Aufbau der wirbelsäulenstabilisierenden Muskulatur. Laut Hendrick und weitere (2010) scheinen Trainingsprogramme, die die Kräftigung der Muskulatur sowie die Stabilisierung fördern, eine höhere Erfolgswahrscheinlichkeit als ausdauerorientierte Trainingsprogramme zu Grunde zu liegen. Gottlob (2013, S. 181) geht sogar so weit zu titulieren, dass durch ein differenziertes, dauerhaftes Rückenstreckertraining, eine lebenslange Vermeidung von Rückenschmerzen erreicht werden kann.

Aufgrund dessen, dass zunehmend biopsychosoziale Faktoren eine Rolle bei Rückenschmerzen spielen (BÄK et al., 2016, S. 17), soll der letzte Zielbereich, die Risikofaktoren, welche eine starke Evidenz aufzeigen, thematisieren.

Risikofaktoren laut BÄK und weiteren (2016, S. 17) sind beispielsweise Depressivität, Disstress, schmerzbezogene Kognitionen, berufliche Faktoren (repetitive Körperhaltung, körperliche Schwerarbeit, Unzufriedenheit) und ein starkes Schon- und Vermeidungsverhalten.

2.2 Zielsetzung des Konzepts

In der nun aufgeführten Tabelle werden für die Sekundärprävention drei übergeordnete Ziele nach Inhalt, Ausmaß und Zeit abgeleitet. Im Anschluss werden die einzelnen Ziele begründet.

Tab. 3: Übergeordnete Ziele (eigene Darstellung)

Ziel	Inhalt	Ausmaß	Zeit
1	Stressmanagement (Aufklärungssequenzen) Verbesserung der psychophysischen Belastungsfähigkeit	Fragebogen Stresstest nach Kaluza (2005) subjektives Stressempfinden um fünf Punkte verbessern, dies eruiert der Teilnehmer (Fragebogen siehe Anhang)	In 10 Wochen
2	Reduktion des Bewegungsmangels (Verbesserung physischer Gesundheitsressourcen wie der Kraftausdauer)	Mindestens 120 Minuten Sport pro Woche bei moderater Intensität (1x 60 mit Anleitung im Kurs, der Rest wird privat absolviert, dies wird anhand eines Bewegungstagebuchs dokumentiert) Fragebogen Eingangs- und Ausgangsevaluation (Teilnehmer)	In 10 Wochen
3	Funktionsgymnastik (Stabilisation, Mobilisation, Beweglichkeit)	Fragebogen 1-10 (1=schwach, 10=stark) subjektives Empfinden um 2 Punkte verbessert, dies eruiert der Trainer. Es werden vier Übungen getestet (Standwaage, Kniebeuge auf Bosu, toe touch im Stehen und Rückwärtsgehen auf einer vorgezeichneten Linie)	In 10 Wochen

Begründung der Ziele

Das erste Ziel beinhaltet eine Aufklärungsarbeit bezüglich des Stressmanagements. Beschleunigte Arbeitsprozesse, Arbeitsplatzverdichtung, ständige Erreichbarkeit aufgrund der Technisierung, zunehmender sowie andauernder Zeit- und Leistungsdruck sind Gründe dafür, dass Arbeitnehmer sich an die schlechten Arbeitsverhältnisse anpassen müssen und infolgedessen krank werden (Haubl & Voß, 2008). Seit Jahren steigen psychische Belastungen und Erkrankungen (Badura, 2010, S. 11; Oppolzer, 2010, S. 85.). BÄK und weitere (2016, S. 17) konstatieren, dass zunehmend biopsychosoziale Faktoren als Ursache für unspezifische Rückenschmerzen gelten. Nach den 10 Wochen sollen Risikofaktoren wie Disstress, Depressivität, ausgeprägtes Schon- und Vermeidungsverhalten und schmerzbezogene Kognitionen wie Gedanken der Hilf- und Hoffnungslosigkeit um zwei Punkte reduziert werden (BÄK et al., 2016, S. 17).

Die Reduktion des Bewegungsmangels um die physischen Gesundheitsressourcen der Kursteilnehmer zu stärken beinhaltet das zweite Ziel (GKV-Spitznverband, 2014, S. 50). Regelmäßige Bewegung hält gesund und „erhöht die Stabilität der Knochen, sorgt für aktive und kräftige Muskulatur und Beweglichkeit, hält fit, sorgt für psychisches Wohlbefinden und fördert die chemischen Prozesse zur Schmerzunterdrückung im Körper" (Zägelein, 2013, S. 26). Aus diesem Grund wird bei moderater Intensität pro Woche 120 Minuten Sport, mit Fokus auf Krafttraining, anvisiert, wobei eine Trainingseinheit privat absolviert wird.

Als drittes Ziel ist die Funktionsgymnastik mit Stabilisation-, Mobilisation- und Beweglichkeitstraining zu nennen. Die Funktionsgymnastik zielt darauf ab eine Ökonomisierung und Optimierung von Bewegungsformen, also die koordinative Exaktheit der Ausführung von Übungen zu erhalten (McGill, 2007). Der Transfer zu den Alltagsbewegungen soll hier gewährleistet werden, damit etwaige Spitzenbelastungen einfacher zu bewältigen sind und um Rückenschmerzen reduzieren zu können. Darüber hinaus beschreibt McGill (2007) in seiner Arbeit, dass dadurch eine Verbesserung der intermuskulärer Koordination stattfindet.

3 Darstellung und Organisation der Konzeptinhalte

Das Kapitel drei befasst sich im ersten Teil mit der Grobgliederung des angestrebten Kurskonzepts. Nachfolgend wird eine exemplarische Einheit des Bewegungskonzeptes im Detail beschrieben.

3.1 Grobgliederung des Konzeptes

Folgende Tabelle soll eine Übersicht über die angestrebte inhaltlich-organisatorische Grobplanung des Kursprogramms geben. Tabelle fünf auf Seite elf zeigt anschließend die Grobplanung des Bewegungskonzeptes über einen Zeitraum von zehn Wochen.

Tab. 4: Übersicht (eigene Darstellung)

Kursinhalte	Während des Kursprogramms sollen folgende Inhalte vermittelt und umgesetzt werden:
	<ul><li>Lockerungs- und Entspannungsübungen</li><li>Partizipation der Teilnehmer in die Gruppe</li><li>Anleitung sowie Motivation zur regelmäßigen Bewegung im Alltag (beispielsweise mit dem Fahrrad zur Arbeit, statt Aufzug Treppensteigen)</li><li>Stabilisierung der Rumpfmuskulatur</li><li>Spiele und Übungen zur Verbesserung der Kraft-, Koordinations- und Dehnfähigkeit sowie Spaß an Bewegung</li><li>Vermittlung zum Transfer und Integration des Erlernten in den Alltag (zum Beispiel schweres Bücken und Heben)</li></ul>Wissensvermittlung über:<ul><li>Risikofaktoren</li><li>Umgang mit Stress und der Schmerzwahrnehmung</li><li>Anatomie des Körpers mit Fokus auf Wirbelsäule</li><li>Ergonomische Körperhaltung im Alltag und Beruf</li><li>Arbeitstechniken im beruflichen Kontext</li><li>Die Wirksamkeit von positiven psychosozialer Maßnahmen</li><li>Korrekte Ausführung der Übungen</li><li>Den Zusammenhang zwischen körperlicher Aktivität und des Körpers</li><li>Belastungsformen und -Reize im Training</li></ul>**Begründung:** Im Kurs finden sowohl praktische als auch theoretische Anteile statt. Der praktische Anteil soll die Aktivität und die Bewegungskompetenz fördern. Dies soll mittels sportliche Spiele und Übungen zur Verbesserung der Kraft-, Ausdauer- und Koordinationsfähigkeit erreicht werden. Ein weiterer Bestandteil des Programms sind verschiedene Lockerungs- und Entspannungstechniken um eine Stressreduzierung und -Widerstand zu erreichen. Durch die sportlichen Spiele soll ebenfalls die Motivation zu mehr körperlicher Aktivität im Alltag positiv beeinflusst werden. Um den Teilnehmern die Kausalität von Krankheit mit der seelisch-körperlichen und öko-sozialen Faktoren, in denen sich der Mensch befindet, nahezulegen, wird im theoretischen Teil das biopsychosoziale Modell angewendet. Die weiteren theoretischen Inhalte sollen das Verständnis zum Körper, die Risikofaktoren, der Umgang mit Schmerz und die Verbesserung der körperlichen Fitness durch gezieltes Training sowie deren positiven Auswirkungen auf Körper und Geist verbessern.
Kursdauer	10 Wochen
Kurseinheiten und	Einmal pro Woche für 60 Minuten, wobei ein theoretischer mit 15 Minuten und

Zeitaufwand pro Woche	ein praktischer Anteil mit 45 Minuten Block angesetzt ist. Die zweite Einheit von 60 Minuten wird privat absolviert.
Teilnehmerzahl	Maximal 15 Personen
Benötigte Ressourcen	Sowohl der Theorie- als auch der Praxisteil finden im Kursraum statt. Hierbei werden mobile Tische und Stühle vor Beginn der Stunde aufgebaut. Für den anschließenden Praxisanteil werden diese beiseitegeschoben, sodass der Trainer nach Abschluss der Einheit sie aufräumen kann. Des Weiteren sollen für die Vermittlung des theoretischen Anteils eine Flipchart und Powerpoint Verfügung stehen. Der Inhalt soll gerade die menschliche Anatomie und die bereits aufgezählten Wissensvermittlungspunkte (vgl. Tab. 4, S. 9) möglichst nachvollziehbar verdeutlichen. Vorzubereiten wären Hilfsmittel wie Musikanlage, die Teilnehmerunterlagen, Fragebogen, Stift und Papier. Weitere räumliche Ressourcen werden in Tabelle eins auf Seite drei beschrieben.
Kursleiter	Nach dem BSA-Bildungsprogramm mindestens eine Person mit Qualifikationsstufe sechs, staatlich anerkannter Physiotherapeuten oder eine zertifizierte Person mit Spezialisierung auf die Wirbelsäule.
Kursanbieter	Der Sekundärpräventionskurs wird bei dem Gesundheitssportverein XY in der Stadt XY durchgeführt. Nahe dem Standort sind Parkanlagen gelegen, sodass auch die Möglichkeit besteht im Freien Kurseinheiten stattfinden zu lassen.

Nun wird mit folgender Tabelle das Kursprogramm mit den zehn Unterrichtseinheiten (UE), dem Themenschwerpunkt und Lernziel, -Inhalte sowohl im theoretischen als auch praktischen Kontext betrachtet.

Tab. 5: Grobgliederung des Konzeptes (eigene Darstellung)

UE	Themenschwerpunkt	Lernziele/ -Inhalte Theorie	Lernziele/ -Inhalte Praxis
1	Einführung, Kennenlernen und erste Wissensvermittlung sowie erste Evaluation der Ausgangssituation (T0) Rückenschmerzen, warum ich? Hausaufgabe	**Ziele:** • Kennenlernen zwischen den Teilnehmern und Kursleiter • Erwartungen und Erfahrungen bezogen auf Sport und Entspannung • Wissen über Risikofaktoren • Evaluation des Ist-Zustandes (T0) **Inhalte:** • Kennenlernen • Ablauf der 10 Wochen erläutern	**Ziele:** • Weiteres Kennenlernen • Erkennen der korrekten Wirbelsäulenstellung • Vermittlung von funktionellen Kräftigungsübungen • Evaluation des Ist-Zustandes (T0) **Inhalte:** • Aufwärmen mit Hilfe von Kennenlernspielen (Zipp-Zapp) • Fragebogen ausfüllen (Trai-

		• Fragebogen aushändigen und ausfüllen (Teilnehmer T0) zum Thema Stressmanagement	ner T0) zum Thema Funktionsgymnastik • Beobachtung der Wirbelsäulenstellung beim Partner • Hausaufgabe zusätzlich eine Einheit/Woche privat absolvieren und Übungen dazu
2	Einführung, Kennenlernen und weitere vertiefende Wissensvermittlung Rückenschmerzen, warum ich?	**Ziele:** • Vertiefendes Wissen über Rückenschmerzen, den Umgang damit und Risikofaktoren • Grundkenntnisse über Anatomie des Rumpfes vermitteln • Überprüfung des Alltags auf Belastungs- und Entlastungshaltung **Inhalte:** • Was sind rückenbelastende Tätigkeiten in meinem Alltag (schweres Heben und Tragen, einseitige Haltung etc.) • Anatomie und Funktion der Wirbelsäule • Risikofaktoren	**Ziele:** • Schulung der Körperwahrnehmung • Vermittlung von Spaß an Bewegung • Festigung der erlernten Kräftigungsübungen aus der Vorwoche sowie Übungen für das Heimprogramm zeigen **Inhalte:** • Körperwahrnehmungsübungen als Warmup • Partnerübung auf Bosu • Wiederholung der Kräftigungsübungen aus der ersten Stunde und erlernen weiterer Übungen
3	Evaluation der letzten Wochenstunden Das richtige Bücken, Heben und Tragen Entspannung	**Ziele:** • Festigung der letzten Stunden per Fragerunde überprüfen • Hebegesetze verstehen • Regeln zu rückengerechten Heben, Tragen und Bücken **Inhalte:** • Fragerunde zum Thema Rückenschmerzen, warum ich? • Biomechanik (Kraft- und Lastarm) erklären • Rückengerechten Heben, Tragen und Bücken erläu-	**Ziele:** • Festigung der erlernten Kräftigungsübungen aus den letzten Frequenzen • Praktisches erlenen und umsetzen der Regeln zum Heben, Tragen und Bücken • Einführung in Entspannungstechnik **Inhalte:** • Körperwahrnehmungsübungen vertiefen als Warmup • Wiederholung der erlernten Kräftigungsübungen

		tern	• Üben des rückengerechten Heben und Tragen mit Hilfe von verschiedenem Equipment • Entspannung in Form einer Körperreise
4	Das richtige Bücken, Heben und Tragen Entspannung Das Sitzen	**Ziele:** • Hebegesetze vertiefen • Regeln zu rückengerechten Heben, Tragen und Bücken vertiefen • Wissensvermittlung zur ergonomischen Körperhaltung während des Sitzens und Analyse sowie Erkennen der eigenen Sitzhaltung im Alltag **Inhalte:** • Wiederholen der Hebegesetze und vertiefen • Wiederholen der Regeln zu rückengerechten Heben, Tragen und Bücken und vertiefen • Ergonomie am Arbeitsplatz, Sitzhaltung, Sitzdauer, Auswirkung und dynamisches sitzen	**Ziele:** • Erarbeiten von mobilen Übungen am Arbeitsplatz • Erlernen der ergonomischen Sitzhaltung und • Sowie von entspannten Sitzhaltungen **Inhalte:** • Schattenlaufen mit kleinen Hindernissen als Aufwärmeinheit • Praxiseinheit zu ergonomischen Sitzen und dynamisches sitzen (Pezziball, Sitzkissen und Unterbrechung des langen Sitzens durchs Bewegung) • Entspannung in Form von autogenes Training I
5	Fragerunde (Hausaufgabe) Das Sitzen Schmerz	**Ziele:** • Evaluation der Hausaufgabe und Festigung der Wissensvermittlung zur ergonomischen Körperhaltung aus Stunde vier • Schmerzentstehung und Aufgabe des Schmerzes verstehen können • Wissensvermittlung zur Schmerzbewältigung **Inhalte:** • Fragerunde wie das zusätzli-	**Ziele:** • Autarkes Aufwärmen für das Heimprogramm konzipieren • Wiederholung und Vertiefung der Praxiseinheit aus Stunde vier zu ergonomischen Sitzen und dynamisches sitzen • Entspannung **Inhalte:** • Aufwärmen ohne Hilfsmittel (Kreuzheben, Kniebeu-

		che Training im Alltag verläuft sowie wichtigste Regeln zu ergonomischen Körperhaltung wiederholen • Entstehung und Aufgaben des Schmerzes • Schmerzbewältigungsstrategien	ge, halbe Ausfallschritte etc.) • Stabilisationsübungen mit Pezziball, Sitzkissen etc. und Körpergewichtsübungen wie bspw. Handstand auf Boden, Plank etc. • Entspannung in Form von autogenes Training II
6	Schmerz Kraft	**Ziele:** • Festigung der Schmerzentstehung, Aufgaben und Strategien • Zusammenhang zwischen Krafttraining und den resultierenden körperlichen Anabolismus • Wissensvermittlung über die verschiedenen Kraftarten **Inhalte:** • Wiederholung der Schmerzthemen • Körperliche Adaption an Krafttraining bei submaximaler Kraftausdauer 50-75% des 1-RM • Kraftausdauer, Schnellkraft, Maximalkraft und Reaktivkraft	**Ziele:** • Festigung der Übungen der letzten Stunde • Vermittlung von Spaß am Krafttraining • Schulung der Kraftfähigkeit und den Belastungsgrenzen • Kräftigung der Bein-, Bauch und Rumpfmuskulatur **Inhalte:** • Wiederholung der fünften Stunde, Aufwärmen sowie Praxiseinheit • Kräftigung der Bein-, Bauch und Rumpfmuskulatur mit Hilfe von Kurz- und Langhanteln (ohne Zusatzgewichte) und Therabänder • Entspannung in Form von autogenes Training III
7	Kraft Trainingslehre Progression des Trainingswiderstandes	**Ziele:** • Festigen der Anpassungserscheinung durch Krafttraining und der verschiedenen Kraftarten • Aufklärung über Belastungsgefüge • Progression durch Steigerung der Trainingswiderstandes **Inhalte:** • Wiederholung der Anpas-	**Ziele:** • Aufwärmen • Vertiefung des Gerätetrainings • Ansteuerung einzelner Muskeln verbessern **Inhalte:** • Aufwärmen durch Segmentales ansteuern der Wirbelsäule bzw. der HWS, BWS, LWS und Körpergewichtsübungen wie Kniebeuge,

		sungserscheinung durch Krafttraining	Ausfallschritte (so tief wie möglich) etc.
		• Körperliche Adaption an Krafttraining bei Maximalkraftausdauer >75% des 1-RM	• Zirkeltraining, Progression mit Kurz- und Langhanteln (mit Zusatzgewichte)
		• Ja zur Intensität	• Progressive Muskelentspannung
8	Beweglichkeit Stressmanagement	**Ziele:**	**Ziele:**
		• Vermittlung von theoretischen Grundlagen der Beweglichkeit bspw. Hyper- und Hypomobilität	• Einführung in Faszien-Yoga
			• Schulung der Beweglichkeit und Körperwahrnehmung
		• Die Kausalität zwischen Beweglichkeit und der Auswirkung auf die Rückengesundheit begreifen und Alltagstransfer vermitteln	• Übungen vermitteln für das Heimtraining zum Thema Entspannung, sowie Lenkung der Wahrnehmung auf den eigenen Körper
		• Theoretische Grundlagen von Stress verstehen sowie Analyse und Identifikation von Stress im Alltag	**Inhalte:**
			• Aufwärmen mit Übungen zum Thema Faszien-Yoga
		Inhalte:	• Pilatesübungen sowie Atemtherapie für die Körperwahrnehmung
		• Definition Hyper-Hypomobilität, Beweglichkeit, Dehnfähigkeit	• Traumreise mit passender Musik, diese CDs werden vom Trainer an die Teilnehmer verteilt um das Heimtraining zu gewährleisten
		• Beweglichkeit und Rückenbeschwerden sowie Alltagstransfer, in welchen Situationen braucht man Beweglichkeit?	
		• Definition von Stress, (Eu-, Dis- und Neurostress)	
9	Stressmanagement Bei guten Wetter wird diese Stunde in den anliegenden Parkanlagen durchgeführt	**Ziele:**	**Ziele:**
		• Wiederholung der Grundlagen, Analyse und Identifikation von Stress	• Den Übungskatalog für das Heimtraining (Entspannung) erweitern
		• Maßnahmen zur Stressprävention erarbeiten	• Fokus der Aufmerksamkeit auf den eigenen Körper
		• Mögliche Reaktionen von stress auf den Körper ver-	• Stressreaktionen vermeiden und Vertiefung der Ent-

		stehen	spannungstechnik
		Inhalte:	**Inhalte:**
		• Stress, (Eu-, Dis- und Neurostress) wiederholen	• Erweiterung durch Training in Form von Atemtechnik und Atemmeditation
		• Die körperlichen Reaktion auf Stress	• Entspannung in Form von autogenes Training III aus Stunde sechs weiderholen
		• Alltagstransfer wann verspürt man Stress im Alltag, wie kann dieser vermieden werden und Stressbewältigungsmethoden	• Traumreise vertiefen
10	Wiederholung und Alltagstransfer (T1) Messung Ausblick, wie geht es weiter	**Ziele:**	**Ziele:**
		• Festigung der zehn Unterrichtseinheiten, offene Fragen	• Aufzeigen von Spaß an körperlicher Bewegung
		• Verhaltensänderung, Analyse im Vergleich vor und nach absolvieren des Programms	• Evaluation des Ist-Zustandes (T1) plus Vergleich
		• Sensibilisierung auf eigene Leistungssteigerung und Vermittlung von Strategien zur dauerhaften Bindung an sportlicher Aktivität	• Schulung der Kraft- und Koordinationsfähigkeit sowie Körperwahrnehmung
		• Evaluation des Ist-Zustandes (T1) plus Vergleich	• Verabschiedung
		Inhalte:	**Inhalte:**
		• Wiederholung der Kernaussagen der zehn Kurseinheiten und Klärung offener Fragen	• Aufwärmen in Form von „Reise nach Jerusalem" mit Pezzibälle
		• Fragebogen aushändigen und ausfüllen (Teilnehmer T1) zum Thema Stressmanagement plus Vergleich	• Fragebogen ausfüllen (Trainer T1) zum Thema Funktionsgymnastik plus Vergleich
		• Handlungspläne zur dauerhaften Implementierung körperlicher Aktivität im Lebensalltag	• Stationstraining mit einer Sequenz aus Koordinations- sowie Kräftigungsübungen
			• Ausklang in Form einer Körperreise und anschließender Verabschiedung

3.2 Exemplarische Konzepteinheit

Nachdem nun die Grobgliederung behandelt wurde, ist in der anknüpfenden Tabelle eine exemplarische Konzepteinheit mit Lernziele, Lerninhalte, Belastungsgefüge sowie zeitliche Struktur beschrieben. Aus Tabelle fünf auf Seite zwölf wird als exemplarische Kurseinheit die erste Stunde nun auf Detailebene behandelt.

Tab. 6: Detailplan des Konzeptes (eigene Darstellung)

Phase	Zeit (min)	Thema	Lernziele	Inhalte	Organisation
Einstieg	20	-Begrüßung -Einstieg in erste Wissensvermittlung sowie Ziele und Inhalte des Kursprogramms -Evaluation der Ausgangssituation (T0)	-Gegenseitiges Kennenlernen -Einstimmung auf die bevorstehende Kurseinheit - Rückenschmerzen warum ich und wieso verspricht dieser Kurs Verbesserung	-Begrüßung -Vorstellung des Kursleiter und der Teilnehmer (TN) -Kontrolle der Anwesenheit -Klärung der Kursorganisation -Evaluation (T0 Stresstest und Bewegungsumfang/ Woche)	Vorstellungsrunde im Gruppengespräch Frontalunterricht auf Grund der Vermittlung der theoretischen Inhalte
Aufwärmen	5	Kennenlernspiel „Zipp Zapp"	-Aktivierung des Herzkreislaufsystems und aktiven Bewegungsapparat -Mentale Einstimmung auf den Hauptteil -Spaß an Bewegung	Schnelles, actionreiches Namenswiederholspiel. Die Aufgabe ist bereits gelernte Namen schnell zu wiederholen und neue kennenzulernen	In der Gruppe, alle TN stehen
Hauptteil	25	Evaluation der Ausgangssituation (T0) Rückenschmerzen, warum ich?	-Fragebogen ausfüllen (Trainer T0) zum Thema Funktionsgymnastik -Beobachtung der Wirbelsäulenstellung beim Partner	-Ausgangstest T0 subjektives Empfinden um zwei Punkte verbessern, dies eruiert der Trainer. Es werden vier Übungen getestet (Standwaage, Kniebeuge auf Bosu, toe touch im Stehen und Rückwärtsgehen auf einer vorgezeichneten Linie.	Übungsformen zur Testung (T0) sowie Hausaufgabe werden gezeigt Gruppengespräch, Partnerübung

				-Partnerübung: Beobachtung der Wirbelsäule (Krümmung, Dysbalancen der Schulterhöhe, aus der Sagittalebene)	
Schluss	10	Hausaufgabe	-Hausaufgabe zusätzlich eine Einheit/Woche privat absolvieren und Übungen dazu	-Hausaufgabe: 30 Minuten -Kniebeuge (erst auf Fußboden dann auf einem zusammengeschlagenen Handtuch -Kreuzheben (Technikkontrolle am Spiegel -Ausfallschritt (halb- dann später volle Bewegungsamplitude) -Plank - und 30 Minuten spazieren oder leichtes Joggen gehen	Verbale Anweisungen und Demonstration durch den Übungsleiter,
Hinweise zur Durchführung	**Hilfsmittel:** Fragebögen, Teilnehmerunterlagen, Stifte, Papier, Namensschilder, Ersatzhantücher, Getränke, Erste-Hilfe-Koffer, Musikanlage, Bosu, zwei kleine Pylonen dazwischen mit Klebestreifen eine gerade Linie gezogen (Funktionsgymnastik-Test), Matten **Medieneinsatz:** Flipchart, Übersichtstafel zu Anatomie der Wirbelsäule **Belastungsgefüge:** das Belastungsgefüge steigt generell in der ersten Kursstunde nicht über die submaximale Kraftausdauer im Bereich von 50-60% des 1-RM				

4 Konzeptevaluation

Nun gilt es in der Konzeptevaluation die Maßnahmen bzw. Instrumente mit denen die Effekte gemessen bzw. evaluiert werden darzustellen, dies geschieht anhand folgender Tabelle.

Tab. 7: Konzeptevaluation (eigene Darstellung)

Ziel	Zielindikator	Erhebungsmethode	Erhebungsinstrument	Messzeitpunkte (T)
Stressmanagement (Aufklärungssequenzen) Verbesserung der psychophysischen	subjektives Stressempfinden um fünf Punkte verbessern	Schriftliche Befragung (Teilnehmer)	Fragebogen Stresstest (nach Kaluza, 2005). Der Fragebogen befindet sich im	T0= vor erste Kurseinheit T1= vor letzter Kurseinheit

Belastungsfähigkeit			Anhang (Anhang 1).
Reduktion des Bewegungsmangels (Verbesserung physischer Gesundheitsressourcen wie der Kraftausdauer)	Ziel dauerhaft über 120 Minuten sportliche Aktivität pro Woche besonderer Fokus liegt auf Kraftausdauer	Schriftliche Befragung (Teilnehmer)	Wochentagebuch, mit Inhalt wann, was und wie lange an Sport betrieben wurde
Funktionsgymnastik (Stabilisation, Mobilisation, Beweglichkeit)	Verbesserung des Gesamtergebnisses um zwei Punkte (subjektive Einschätzung des Trainers)	Schriftliche Befragung (Trainer)	vier Übungen (Standwaage, Kniebeuge auf Bosu, toe touch im Stehen und Rückwärtsgehen auf Linie

Begründung:

Eine schriftliche Befragung wurde deshalb gewählt, da sie recht mobil ist. Der Kursleiter kann jederzeit offene Fragen klären und es entsteht kein Zeitdruck. Darüber hinaus herrscht ein geringer Mitteleinsatz was den Kosten- und Zeitfaktor angeht. Ebenso stehen exakt quantifizierbare Ergebnisse zur Verfügung und eine anschließende Ermittlung von statistischen Zusammenhängen ist möglich. Aus ökonomischen Gesichtspunkten wurden zwei Messzeitpunkte gewählt. Bei beispielweise drei Messzeitpunkten wäre zum einen ein Zeitaufwand für die erneute Evaluation Voraussetzung und zum anderen gegebenenfalls ein Motivationsloch der einzelnen Teilnehmer die Folge, sofern kein positives Ergebnis eruiert wird.

5   Literaturverzeichnis

BAuA. (Hrsg.). (2016). *Volkswirtschaftliche Kosten durch Arbeitsunfähigkeit 2016* Zugriff am 12.08.2019. Verfügbar unter https://www.baua.de/DE/Themen/Arbeitswelt-und-Arbeitsschutz-im-Wandel/Arbeitsweltberichterstattung/Kosten-der-AU/pdf/Kosten-2016.pdf?__blob=publicationFile&v=4

Bertelsmann Stiftung. (Hrsg.). (2007). *Gesundheitspfad Rücken. Innovative Konzepte zu Verbesserung der Versorge von Patienten mit Rückenschmerzen.* Zugriff am 12.08.2019. Verfügbar unter https://www.bertelsmann-stif-tung.de/fileadmin/files/BSt/Publikationen/GrauePublikationen/IN_Gesundheitspfad_Ruecken_2007.pdf

Bundesärztekammer, Kassenärztliche Bundesvereinigung & Arbeitsgemeinschaft der wissenschaftlichen medizinischen Fachgesellschaften. (Hrsg.). (2016). *Nationale Versorgungsleitlinie Kreuzschmerz – Langfassung* (2. Aufl.). Zugriff am 24.08.2019. Verfügbar unter http://mdb.aezq.de/mdb/downloads/nvl/kreuzschmerz/kreuzschmerz-2aufl-konsultation.pdf

Fissler, E. R. & Krause, R. (2010). *Absentismus, Präsentismus und Produktivität.* In Badura, B., Walter, U., Hehlmann, T. (Hrsg.). *Betriebliche Gesundheitspolitik. Der Weg zur gesunden Organisation.* Berlin und Heidelberg: Springer.

GKV-Spitzenverband. (Hrsg.). (2018*). Leitfaden Prävention. Handlungsfelder und Kri terien des GKV-Spitzenverbandes zur Umsetzung der § 20 und 20a SGB V vom 21. Juni 2000 in der Fassung vom 1. Oktober 2018.* Zugriff am 16.08.2019. Verfügbar unter https://www.gkv-spitzenver-band.de/media/dokumente/presse/publikationen/Leitfaden_Pravention_2018_barriere frei.pdf

Gottlob, A. (2013). *Differenziertes Krafttraining mit Schwerpunkt Wirbelsäule.* (4. Aufl.). München: Elsevier.

Haubl, R, & G. Günter (2008). *Psychosoziale Kosten turbulente Veränderung. Arbeit und Leben in Organisationen.* Kassel.

Hendrick, P., Te Wake, A M, Tikkisetty, A. S., Wulff, L., Yap, C. & Milosavljevic, S.

(2010). *The effectiveness of walking as an intervention for low back pain*: a systematic review. European Spine journal: official puplication of the European Spine Society, the European Spinal Deformity Society, and the European Section of the Cervical Spine Research Society, 19 (10), 1613-1620.

Merkel A. (2014). *Deutschland hat Rücken*. In: Die Welt. Zugriff am 23.08.2018. Verfügbar   unter https://www.welt.de/print/welt_kompakt/print_wissen/article129190624/Deutschland -hat-Ruecken.html

Mielck, A. (2000). *Soziale Ungleichheit und Gesundheit*. Berlin: Huber.

Mc Gill, S. (2007). *Low back disorders. Evidence-based prevention and rehabilitation* (2nd ed.). Champaign, IL: Human Kinetics.

Oppolzer, A. (2010). *Gesundheitsmanagement im Betrieb. Integration und Koordination menschengerechter Gestaltung der Arbeit*, 2. Aufl., Hamburg.

Raspe, H. & Kohlmann, T. (1998). *Die aktuelle Rückenschmerzepidemie*. In: Pfingsten, M. & Hildebrandt, J. (Hrsg.) *Chronischer Rückenschmerz – Wege aus dem Dilemma*. Bern: Huber, S. 20-36.

RKI – Robert Koch-Institut. (Hrsg.). (2012). *Rückenschmerzen. Gesundheitsberichterstattung des Bundes*, Heft 53. Zugriff am 23.08.2018. Verfügbar unter https://www.rki.de/DE/Content/Gesundheitsmonitoring/Gesundheitsberichterstattung /GBEDownloadsT/rueckenschmerzen.pdf?__blob=publicationFile

Schmidt, J. & Schröder, H. (2010). *Präsentismus – Krank zur Arbeit aus Angst vor Arbeitsplatzverlust*. In: Badura, B., Schröder, H., Klose, J. & Macco, K. (Hrsg.). Fehlzeiten-Report 2009. Berlin, Heidelberg: Springer.

Zägelein, W. (2013). *Move for life. Gesund durch Bewegung*. Berlin: Springer.

6   Tabellenverzeichnis

6.1   Tabellenverzeichnis

Anhang 1: Fragebogen

Checkliste für Warnsignale bei andauernden Stressbelastungen

Die folgenden Punkte können Anzeichen für Überforderung sein. Welche davon haben Sie in den letzten Wochen an sich feststellen können?

Körperliche Warnsignale	stark	leicht	kaum/ gar nicht	Punkte
Herzklopfen/Herzstiche	2	1	0	
Engegefühl in der Brust	2	1	0	
Atembeschwerden	2	1	0	
Einschlafstörungen	2	1	0	
Chronische Müdigkeit	2	1	0	
Verdauungsbeschwerden	2	1	0	
Magenschmerzen	2	1	0	
Appetitlosigkeit	2	1	0	
Sexuelle Funktionsstörung	2	1	0	
Muskelverspannung	2	1	0	
Kopfschmerzen	2	1	0	
Rückenschmerzen	2	1	0	
Kalte Hände / Füße	2	1	0	
Starkes Schwitzen	2	1	0	
Emotionale Warnsignale	**stark**	**leicht**	**kaum/ gar nicht**	**Punkte**
Nervosität, innere Unruhe	2	1	0	
Gereiztheit, Ärgergefühle	2	1	0	
Angstgefühle, Versagungsängste	2	1	0	
Unzufriedenheit / Unausgeglichenheit	2	1	0	
Lustlosigkeit (auch sexuell)	2	1	0	
Innere Leere (ausgebrannt sein)	2	1	0	
Kognitive Warnsignale	**stark**	**leicht**	**kaum / gar nicht**	**Punkte**
Ständig kreisende Gedanken / Grübeln	2	1	0	
Konzentrationsstörungen	2	1	0	
Leere im Kopf (black out)	2	1	0	
Tagträume	2	1	0	
Alpträume	2	1	0	
Leistungsverlust / häufige Fehler	2	1	0	

Checkliste für Warnsignale bei andauernden Stressbelastungen

Die folgenden Punkte können Anzeichen für Überforderung sein. Welche davon haben Sie in den letzten Wochen an sich feststellen können?

Warnsignale im Verhalten	stark	leicht	kaum / gar nicht	Punkte
Aggressives Verhalten gegenüber anderen „aus der Haut fahren"	2	1	0	
Fingertrommeln, Füße scharren, Zittern, Zähne knirschen	2	1	0	
Schnelles Sprechen, Stottern	2	1	0	
Andere unterbrechen, nicht zuhören können	2	1	0	
Unregelmäßig essen	2	1	0	
Konsum von Alkohol (oder Medikamenten) zur Beruhigung	2	1	0	
Private Kontakte „schleifen lassen"	2	1	0	
Mehr Rauchen als gewünscht	2	1	0	
Weniger Sport und Bewegung als gewünscht	2	1	0	
Gesamtpunktzahl				

Bewertung

0-10 Punkte	11-20 Punkte	21 und mehr Punkte
Sie können sich über Ihre gute gesundheitliche Stabilität freuen. Eine Stress- und Gesundheitsberatung wird bei Ihnen vor allem vorbeugende Wirkung haben.	Die Kettenreaktion von neuronalen, kognitiven, emotionalen und körperlichen Stressreaktionen findet bei Ihnen bereits statt. Ihre Leistungsfähigkeit, Lebensqualität und Gesundheit sind aufgrund von Stressbelastungen bereits eingeschränkt. Sie sollten möglichst bald damit beginnen, Ihre Kompetenzen zur individuellen Stressbewältigung zu erweitern.	Sie stecken bereits tief im Teufelskreis der kognitiv-emotionalen und körperlichen Auswirkungen von Stressbelastungen im Alltag. Die Folge sind Symptome wie Verspannungen, depressive Verstimmungen, Schlafstörungen, Libidoverlust und Kopfschmerzen. Sie sollten auf jeden Fall etwas gegen Ihren Stress und für mehr Gelassenheit, Ruhe und Leistungsfähigkeit tun.